A BÍBLIA EXPLICA
O que a Bíblia diz sobre: Dinheiro

DAVID PAWSON

ANCHOR

Copyright © 2022 David Pawson

O QUE A BÍBLIA DIZ SOBRE: DINHEIRO
English original: What the Bible says about Money

Os direitos autorais referentes a este livro são assegurados a David Pawson, de acordo com a Lei de Direitos Autorais, Desenhos Industriais e Patentes de 1988 (Reino Unido).

Uma publicação da
Anchor, nome comercial de David Pawson Publishing Ltd.
Synegis House, 21 Crockhamwell Road,
Woodley, Reading RG5 3LE, UK

Todos os direitos reservados.

Nenhuma parte desta publicação pode ser reproduzida ou distribuída, em qualquer forma ou por quaisquer meios, sejam eles eletrônicos ou mecânicos, incluindo fotocópias e gravações, ou por qualquer sistema de armazenamento e recuperação de informações, sem autorização prévia, por escrito, da Editora.

Para obter outros materiais de ensino de David Pawson, inclusive DVDs e CDs, acesse
www.davidpawson.com

PARA DOWNLOADS GRATUITOS
www.davidpawson.org

Mais informações pelo e-mail
info@davidpawsonministry.com

ISBN 978-1-913472-55-9

Esta publicação baseia-se em uma palestra. Por originar-se da palavra falada, muitos leitores considerarão seu estilo um tanto diferente do meu modo costumeiro de escrever. Espero que isto não venha a depreciar a essência do ensino bíblico encontrado aqui.

Como sempre, peço ao leitor que compare tudo o que digo ou escrevo ao que se encontra registrado na Bíblia, e, caso perceba um conflito em qualquer ponto, sempre fie-se no claro ensino das Escrituras.

David Pawson

A BÍBLIA EXPLICA
O que a Bíblia diz sobre: Dinheiro

Este livro aborda um tema prático que é do interesse dos que atuam no mercado de trabalho: o dinheiro. Na verdade, Jesus falou mais sobre dinheiro do que sobre salvação, oração, céu ou outro tema espiritual. Ele sabia que o dinheiro era parte real da vida de todas as pessoas e, por essa razão, falou mais sobre o dinheiro do que sobre qualquer outro tema.

O dinheiro é, basicamente, uma conveniência. E com esse propósito ele foi criado. No início da civilização, as comunidades menores faziam suas transações com base no escambo, ou seja, na troca de mercadorias. Você produzia mais manteiga do que o necessário e outro produzia carne em excesso, então trocava-se parte do seu excedente de manteiga pelo excedente de carne do outro. O mundo funcionou dessa forma durante muito tempo.

O dinheiro foi inventado na Turquia ocidental, chamada então de Lídia, na região da Ásia Menor. Creso foi o rei que deu início à prática. Ele entrou para a história como um homem que adquiriu uma grande fortuna. Quando observamos a localização geográfica de onde surgiu o dinheiro, não nos damos conta, mas o local era próximo à sede do governo de Satanás na Terra. Se você for a Pérgamo, uma cidade no leste da Turquia, e escalar o monte íngreme em cujo topo ficavam a antiga cidade, os teatros e as bibliotecas locais, encontrará o ponto onde ficava o trono de Satanás. Ele não está mais lá – foi transferido para Berlim, na Alemanha, no museu de Pérgamo.

Você precisa ver esse altar. É uma magnífica estrutura dedicada a Zeus, o rei de todos os deuses. Tem o formato em "U", como de uma enorme poltrona, com acesso feito por degraus. É realmente impressionante. Logo após os degraus, havia colunas em três dos lados, como um grande trono. No centro ficava um altar onde, noite e dia, uma chama ardia para Zeus. O topo desse monte fica a aproximadamente mil pés acima da cidade moderna e ele podia ser visto a quilômetros de distância. Era onde situava-se o trono de Satanás.

Satanás não pode estar em todos os lugares. Ele tem representantes espalhados pelo mundo e um quartel-general que, na época do Novo Testamento, ficava em Pérgamo. Quando estudamos as cartas às sete igrejas encontradas no livro de Apocalipse, descobrimos que Jesus disse à igreja de Pérgamo: "Sei onde você vive, onde está o trono de Satanás". Quando estudamos as outras seis cartas, percebemos que a distância geográfica entre as igrejas e o trono de Satanás determinava a intensidade do problema apresentado de cada igreja. É fascinante. As duas igrejas mais próximas ao trono de Satanás foram ambas corrompidas de dentro para fora, pelo próprio Satanás. As duas igrejas seguintes, não tão próximas ao trono de Satanás, estavam sofrendo por sua fé – são as únicas duas às quais Jesus não tece nenhuma crítica. Mas enfrentavam pressões externas.

Das duas igrejas mais distantes do trono de Satanás, uma delas havia perdido seu primeiro amor e a outra se esfriara. Portanto, a situação das igrejas tinha uma relação direta com sua distância geográfica do trono de Satanás. Não creio que o trono de Satanás ainda continue ali; todo o templo foi removido por um arqueólogo alemão e reconstruído em Berlim. Ouvi falar que os cristãos de Berlim estavam orando para que o templo fosse devolvido aos turcos, pois acreditavam que ele trouxera a Berlim alguma influência negativa. Isso aconteceu antes da Segunda Grande Guerra, o que é interessante. De qualquer maneira, não dê muita atenção a isso. Apenas gosto de compartilhar com os outros o que considero interessante. Mas voltemos ao tema.

O dinheiro, portanto, foi inventado naquele lugar, próximo ao trono de Satanás. Se você me perguntar o local da sua sede hoje, eu não sei. Mas estou bastante seguro de que não se encontra mais ali, uma região crucial na época do Novo Testamento, onde foi travada a maior batalha entre a Igreja e o mundo – entre duas culturas. Se a batalha não fosse vencida ali, a Igreja teria se perdido. Creio que seja essa a razão pela qual as únicas cartas que Jesus escreveu tenham sido dirigidas às igrejas daquela região específica, onde a cultura grega e a cultura romana encontraram os místicos do oriente. Precisamente na estrada mais importante entre Roma e a Pérsia. Uma área crucial, o centro de tudo: negócios, comércio, tudo acontecia ali. Quanto mais você estudar essa região, mais perceberá como era essencial.

O dinheiro, portanto, foi inventado naquela região e tratava-se, simplesmente, de uma conveniência – levar no bolso um pouco de manteiga para trocá-la por um tanto de carne não era muito conveniente. O mundo logo aprendeu que o comércio precisava de algo mais. Para que pudesse haver continuidade nas negociações, o mundo precisava do dinheiro – que pode ser transportado com muito mais facilidade de um lugar a outro. O dinheiro também é algo mais fácil de ser acumulado. Quando você ajunta bens, a traça e a ferrugem os consomem, sempre há deterioração em tudo que é físico. O dinheiro, porém, pode ser acumulado, e receio afirmar que ele também lhe traz poder. Como aprendemos a duras penas, dinheiro é poder.

O dinheiro não tem voz de fato, mas fala muito. É absolutamente fundamental que os cristãos saibam lidar com o dinheiro, especialmente com grandes quantias, de uma forma cristã, e vamos examinar isso em detalhes. Alguém já disse: "Mostre-me sua conta bancária nos últimos anos e eu lhe direi que tipo de cristão você é". É um desafio e tanto. É provável que este seja o melhor teste do nosso amor por Jesus: a forma como lidamos com o nosso dinheiro, seja em pequenas ou em grandes quantias.

Muitas pessoas trabalham para ter dinheiro. Em meu livreto sobre o trabalho, enfatizo que isso é legítimo. Trabalhar para receber o bastante para si mesmo e seus dependentes bem como para doar aos pobres é um conceito bíblico. Esse deveria ser o desejo de todo cristão. No Novo Testamento, no entanto, como já afirmei, Jesus aborda o tema dinheiro com mais frequência do que muitos cristãos gostariam. Mas antes de examinarmos o que a Bíblia afirma sobre o dinheiro, vamos avaliar o seu papel na economia ocidental. Falei sobre esse tema em Singapura e costumo discutir o papel do dinheiro na economia ocidental, pois ele exerce uma grande influência na cultura ocidental. Francamente, não estive em outros países que ostentassem tanta riqueza como a que vemos em Singapura. É evidente que há uma grande concentração de dinheiro ali, e grande parte desse dinheiro foi gasto em todo tipo de maravilhosos atrativos para turistas, que são hoje uma das principais fontes de renda de um país pequeno, com poucos recursos naturais. Fiquei impressionado. Trata-se de um milagre econômico que essa pequena ilha produza a cultura que tem produzido.

Na economia ocidental, vivemos a chamada cultura consumista. Temos plena ciência disso. Sempre que ligamos a TV, somos encorajados a enriquecer, a gastar o nosso dinheiro, e a fazê-lo rapidamente. A cultura ocidental de certa forma desaprova o excesso de bebida e comida, mas, quando se trata de dinheiro, praticamente não há qualquer oposição ao acúmulo ou aos gastos desenfreados. Nossa cultura incentiva o consumo desenfreado, extrapolando o limite da renda. A publicidade nos encoraja a comprar coisas que não precisamos, mas que desejamos. Um dos segredos do controle financeiro é distinguir entre o que você quer e o que precisa. Voltarei ao tema quando chegarmos ao ensino bíblico.

Somos estimulados a gastar dinheiro rapidamente. A indústria da publicidade não é o local de trabalho mais fácil para um cristão, pois se encontra no centro da manipulação do desejo humano e é ardilosamente manejada para levar as pessoas a querer mais do que têm. É muito fácil render-se a esse apelo depois de ter assistido a alguns comerciais de TV. Não podemos negar que já fomos seduzidos pelo desejo de consumo e gostamos da sensação. Caso contrário, se não modificassem apetites e hábitos, os comerciais não seriam transmitidos. As empresas gastam uma fortuna em publicidade precisamente porque sabem que mudarão os hábitos das pessoas e introduzirão em suas vidas o que elas desejam e não o que precisam.

Nas lojas e nos supermercados, sabemos que os clientes são manipulados por meio da forma como os itens são dispostos nas prateleiras, determinada com o intuito de induzir ao desejo de adquiri-los. Itens supérfluos são colocados próximos ao caixa. Trata-se tão somente de uma tentativa magistral de manipular os clientes. Já nos acostumamos a esse apelo ao consumo. Sabemos como vender um produto e encorajar a compra por impulso, para que o cliente saia da loja com mais do que planejava adquirir quando entrou. É tão fácil ser arrebatado pela cultura consumista. Estamos cercados por ela.

Muitas pessoas vivem no limite da sua renda, sendo que alguns até extrapolam esse limite e contraem dívidas. Em uma sociedade do crédito, somos repetidamente encorajados a gastar o dinheiro de que ainda não dispomos. É uma armadilha, pois presume-se que sua renda permanecerá no mesmo nível das despesas. Com base nessa premissa, você, consequentemente, presume que será capaz de pagar suas dívidas. É quando surgem as surpresas e não somos capazes de pagar o que virtualmente tomamos emprestado a juros quando usamos o cartão de crédito.

A sociedade de hoje vive em dívidas. Não só os indivíduos, mas a sociedade como um todo. Vivo em um país que está endividado. Estamos tomando emprestado o dinheiro de nossos filhos e netos sem o consentimento deles quando contraímos a dívida nacional atual. Nossos filhos, netos e bisnetos pagarão mais impostos para pagar essa dívida. Mas, aparentemente, não nos incomoda o fato de tomarmos emprestado o dinheiro dos nossos descendentes sem o consentimento deles.

Para manter nosso padrão de vida, o governo da Grã-Bretanha está tomando emprestado milhares de libras por habitante. Um cristão na Inglaterra, portanto, é incapaz de evitar as dívidas. O país toma dinheiro emprestado para manter o padrão ao qual nos acostumamos. Estou apenas tentando apresentar os fatos. Pelo fato de que a recessão atinge toda a nação, a economia tornou-se o principal fator em nossas eleições. Basicamente, as pessoas desejam desfrutar do máximo de conforto o tempo todo. Já nos acostumamos a um padrão de vida que tem estado em constante elevação ao longo dos anos, e os eleitores votarão no governo que se preocupar em continuar elevando esse padrão.

Mas, no caso de uma crise financeira, como a que aconteceu há alguns anos, a nação se divide durante o período eleitoral. De um lado, estão os que desejam a elevação do padrão de vida, mas do outro lado, há pessoas com bom senso suficiente para eleger um governo que reduza a dívida pública. Creio que isso de fato aconteceu em nossa última eleição. Resta saber se nosso governo atual será capaz de cumprir o que prometeu. No entanto, houve queda no padrão de vida de muitas pessoas e quanto mais esse padrão desce, menos desejo elas terão de votar em um governo que reduza a dívida. Estamos divididos entre duas motivações.

Por trás de tudo isso está a "grande mentira". Precisamos abordar esse tema imediatamente. A "grande mentira" é: "o dinheiro é o segredo da felicidade". Não é verdade. No entanto, segundo a "grande mentira", o que realmente queremos – liberdade, segurança, poder, respeito – tudo isso exige dinheiro. A "grande mentira" está por trás da publicidade dos jogos de azar. Ela declara: "Você pode enriquecer rapidamente sem qualquer esforço, basta comprar um bilhete de loteria". No anseio por segurança, liberdade, respeito e poder, as pessoas são seduzidas pela propaganda, que sempre se concentra no raro vencedor e não entrevista os inúmeros perdedores. Como já afirmei em outro lugar, apostar é ganhar à custa de outros.

Há vários aspectos do dinheiro sobre os quais eu gostaria de falar, à luz do ensino bíblico. Ganhar, ter, guardar, gastar ou doar dinheiro – a Bíblia tem algo a dizer sobre tudo isso. No que se refere ao tema dinheiro, a Bíblia é um livro muito abrangente. Em primeiro lugar, vamos examinar o ato de *receber* dinheiro. Para os cristãos, o princípio básico é ganhar dinheiro por meio do trabalho. Dessa forma, a troca de bens e serviços correspondentes ao valor em dinheiro recebido é uma forma de ganho. É ganhar dinheiro [ou ser remunerado] pelos serviços prestados por meio do trabalho – de sua atividade. Trata-se de um dever cristão básico: trabalhar, se você tiver condições [físicas] para isso, e ser remunerado pelo seu trabalho.

O desemprego é um mal que devemos combater. Há um grande número de pessoas que estão aptas para trabalhar, mas não têm a oportunidade de fazê-lo. Hoje, é raro o país em que o número de empregos exceda ao número de cidadãos. A maioria dos países do mundo tem mais pessoas do que empregos. Ganhar dinheiro, portanto, torna-se uma dificuldade real para muitos. É óbvio que não devemos trabalhar por dinheiro em alguma atividade que prejudique nosso corpo, nossa mente ou nosso espírito. Se a atividade que exercemos prejudicar qualquer um desses aspectos de nossa vida, então não há aprovação de Deus. Além disso, se temos um trabalho que é nocivo ao corpo, ao espírito ou à mente de alguém, devemos pensar duas vezes.

Evidentemente, desempenhar uma atividade imoral ou ilegal é algo fora de questão para o cristão. O tráfico de drogas ilícitas ou de sexo está fora de cogitação. E outras atividades ilegais? O trabalho segundo as normas da lei é válido; o trabalho que descumpre a lei, não. Creio que exista muitas atividades desse segundo tipo. O capítulo 13 de Romanos afirma de forma muito clara que devemos pagar nossos impostos, por exemplo. Evasão fiscal e sonegação de impostos são coisas distintas. Mas a linha que divide as duas práticas é muito tênue e nem sempre nítida.

Em certo país onde estive recentemente e cujo nome não vou mencionar, um cristão me procurou dizendo que enfrentava esse problema. Ele tinha um emprego com remuneração mediana, mas a prática da evasão fiscal era comum no país. Ninguém declara sua renda honestamente; todos burlam o governo para pagar menos impostos e isso é de conhecimento de todos. É uma queda de braço com o governo. Praticamente todos sonegam impostos, e o governo estabelece alíquotas exorbitantes sobre a renda, mesmo sabendo que o cidadão médio declara somente metade da sua renda – portanto, o governo, que depende da arrecadação, organiza-se em função disso. Se uma pessoa é honesta e declara toda a sua renda, os impostos a pagar chegam a ser o dobro do que é realmente devido. Um cristão em um emprego comum com remuneração mediana afirmou: "Se eu for honesto em minha declaração de renda não terei como me sustentar".

Que dilema! Eu disse: "Por que você não teria como se sustentar?"

Ele respondeu: "Porque o imposto de renda é baseado naqueles que não declaram a sua renda. Sendo assim, é muito mais alto do que deveria ser e o governo está bem satisfeito. Eles sabem que é mais elevado do que deveria ser porque desconhecem as diversas rendas. O que devo fazer como cristão?"

Como você aconselharia essa pessoa? Com um sentimento muito desconfortável, eu o aconselhei a ser honesto e a confiar em Deus para suprir tudo o que faltar. Eu disse: "Acredito que seja o que o cristão deve fazer, e se todo cristão desse país assim fizesse, talvez o governo mudasse de ideia a respeito de como arrecadar impostos". Isso, contudo, significa que ele teria de confiar no Senhor muito mais do que confiara até aquele momento, pois grande parte de sua renda ilegítima se perderia. A Bíblia, contudo, ordena claramente que você pague impostos. Leia Romanos 13 atentamente. É seu dever orar pelo governo – e esse mandamento, dado a crentes que estavam sob a ditadura do imperador romano, era [e continua sendo] válido.

Alguns dizem: "Bem, vou orar por aqueles em quem votei", mas no texto de Romanos, eles são instruídos a orar por aqueles que não haviam sido eleitos pelo voto popular, que não haviam sido sua escolha. Ore por eles e pague os impostos ao seu governo. Os tributos impostos pelos romanos eram bem pesados e, no entanto, os cristãos eram exortados a pagá-los com alegria.

Há outras atividades que são ilegais. Na minha opinião, a comercialização de certas commodities, especialmente, as financeiras, assemelha-se muito aos jogos de azar profissionais e atende às três condições do jogo sobre as quais já falei, mas vou repetir aqui, pois são importantes. Para começar, o jogo de azar caracteriza-se pela troca de dinheiro sem que haja, em contrapartida, uma oferta de bens ou serviços. Em segundo lugar, o dinheiro é ganho por meio da criação de um risco artificial e desnecessário, inerente à operação financeira. Terceiro, o ganho sempre acontece à custa de alguém. Tecnicamente, o jogo somente ocorre quando esses três elementos se manifestam simultaneamente. No entanto, conheço algumas atividades nas quais todos os três se aplicam e um cristão não deveria ganhar dinheiro dessa fonte de trabalho.

Fazer um seguro de qualquer natureza é minimizar riscos – um risco que já existe, seja de incêndio ou de acidente. É certo pagar pelo seguro, pois já enfrentamos um grande risco ao dirigir e estaremos minimizando esse risco ao dividi-lo com outros motoristas. É diferente do jogo de azar, embora muitos confundam os dois. Receber dividendos de investimentos não é imoral ou ilegal. Na verdade, Jesus aconselhou alguém a depositar o dinheiro em um banco e receber os juros. É simples e ocorre quando você tem dinheiro excedente e permite que outras pessoas o usem em algum investimento, sobre o qual você, ao final, ganhará os respectivos juros.

O investimento, contudo, pode certamente tornar-se um jogo, especialmente se houver uma troca constante de aplicações, pois desse modo, estaremos apostando nos mercados, "fazendo uma fortuna" ou "uma jogada de mestre (frases interessantes). Quando usamos expressões desse tipo é sinal de que devemos repensar o que estamos fazendo. O princípio, contudo, é claro: não devemos viver de caridade; não devemos depender dos outros; não devemos pedir esmolas. O "canibalismo" financeiro é, de uma ou de outra forma, depender de outras pessoas. Pelo trabalho das mãos e da mente [manual e intelectual], recebemos o pagamento e oferecemos algo de valor equivalente.

Isso também se aplica à obra cristã – àqueles que trabalham para o Senhor na pregação, no ensino e na evangelização. A Bíblia afirma de forma absolutamente clara que esse trabalho deve ser remunerado. "O trabalhador merece o seu salário" – estou citando Jesus. Paulo reiterou essa afirmação dizendo que era livre para não aceitar dinheiro daqueles que vinham a Cristo por meio dele, pois não queria que tivessem a impressão errada. "Tenho o direito de receber sustento para mim mesmo e para uma esposa, se eu tivesse uma". Um direito ao qual ele escolheu renunciar.

Não é diferente do trabalho que realizamos. Essa é a razão pela qual os presbíteros de uma congregação que têm uma carga intensa de trabalho, atuando em dois campos, na pregação e no ensino (pregação aos não convertidos e ensino aos convertidos, essa é a diferença) merecem receber o dobro. O quê? É provável que a sua Bíblia use a palavra "honra" para descrever essa situação. Na verdade, a palavra correta é "honorário". Eles merecem salário em dobro; estão trabalhando duas vezes mais nessas duas funções. Em Gálatas 6, portanto, Paulo diz: "E o que é instruído na palavra reparta de todos os seus bens com aquele que o instrui". Isso contribuiria grandemente para reduzir essa ideia de que algumas pessoas desempenham um trabalho espiritual e devem viver pela fé, e outras pessoas podem contar com a renda de seu salário ou pagamento. Esse conceito, na verdade, tem criado uma distinção entre os obreiros cristãos superespirituais e cristãos comuns. Estamos todos na mesma categoria quando se trata de trabalho e dinheiro.

A tentação na sociedade moderna é obter o lucro rápido: ganhar mais dinheiro do que você merece para poder desfrutar de uma aposentadoria antecipada, ou para ter mais dinheiro do que o merecido a fim de gastar de outras formas. A oferta do dinheiro fácil é uma armadilha, uma tentação. Uma oferta de juros altos que lhe permitam dobrar seu patrimônio financeiro em dez anos é uma tentação, mas é também um equívoco. Antes de aceitar, desconfie de investimentos com taxas de juros extraordinariamente altas. Vou falar claramente sobre ter, guardar e acumular dinheiro em sua conta bancária. Os Evangelhos falam muito sobre os perigos da riqueza. Devo dizer que não consegui encontrar o fundamento bíblico para o que chamam de "evangelho da saúde e da riqueza" – a promessa de que todo crente sempre terá saúde e será rico porque essa é a vontade de Deus. Esse ensino está fundamentado sobre os alicerces bastante instáveis de alguns poucos textos isolados, interpretados por uma perspectiva específica. Não é o que as Escrituras ensinam de forma geral.

Considere a Bíblia como um todo; o Novo Testamento em especial. Há uma diferença entre os Testamentos e ela é importante. Israel não tinha um entendimento claro do que acontecia após a morte. Isso é perceptível de muitas formas. O que lhes havia sido revelado era tudo o que se relacionava a esta vida. Nos Salmos, você encontrará frases do tipo: "Os mortos não louvam ao Senhor". Eles acreditavam que, após a morte, iríamos para um lugar sombrio chamado "Sheol", onde dormiríamos no Senhor. Sua frase preferida era "os que dormem". Eles não tinham uma perspectiva de vida real além do túmulo. Era nesta vida, portanto, que deveriam aprender sobre recompensas e punições, bençãos e maldições. Deus os amaldiçoava e abençoava fisicamente. Abraão, como muitos outros, era um homem rico. Ainda assim, os ricos enfrentavam grandes tentações. Salomão é um exemplo clássico de alguém que não soube lidar com as riquezas. Imediatamente após a sua morte, o país foi dividido por uma guerra civil como consequência dos gastos e dos impostos, que excediam em muito o esperado.

No Novo Testamento, contudo, a vida e a imortalidade são trazidas à luz, e a ressurreição faz uma imensa diferença. Todo o conceito de vida após a morte, pincelado ocasionalmente no Antigo Testamento, torna-se central ao Novo Testamento. Desse modo, as recompensas de uma vida digna podem ser acrescentadas à nova vida, que é ainda mais real do que a vida antes da morte. Isso significou uma mudança total do Antigo para o Novo Testamento no que se refere às ricas recompensas. É uma dedução minha, por favor confirme isso, mas você verá que, nesse aspecto, há uma grande diferença de dimensão entre os dois Testamentos.

Voltemos ao ato de *guardar* dinheiro. Quando o dinheiro é ganho por meios devidos, a tentação é guardá-lo e acumulá-lo. Isso é errado? Nos Evangelhos, há mais textos contrários a ser rico do que gostamos de pensar. É difícil ser rico. É muito difícil que um rico entre no reino. No entanto, eu gostaria de saber: é difícil ser rico depois de ingressar no reino? A resposta, aparentemente, é: "Sim, é muito difícil". Muito dinheiro é garantia de muitos perigos. O próprio Cristo não tinha dinheiro; era um homem pobre, de certo modo. Recebia doações, e Judas, o tesoureiro dos discípulos, administrava o dinheiro. Mas sabemos o que aconteceu a Judas. Ele foi tentado a trocar Jesus por dinheiro. Trinta moedas de prata era o preço de um escravo. Como proprietário de um escravo, Judas subiria um degrau na sociedade. É espantoso que o tesoureiro dos discípulos almejasse mais enriquecer do que agradar ao seu Senhor. Todo tipo de teoria já foi apresentado visando justificar a atitude de Judas, mas o que aprendemos na Bíblia é que ele começou a amar o dinheiro. Penso que devemos considerar como definitiva a explicação que nos foi dada pelo próprio Senhor. Segundo algumas teorias, porém, Judas tentava destacar Jesus como rei; estava tentando constrangê-lo a declarar-se em público e assim assumir seu papel mais rapidamente; há todo tipo de teoria. A explicação bíblica, contudo, é que o dinheiro ganhou muita importância para ele. Os tesoureiros das igrejas chegaram à mesma percepção: lidar com muito dinheiro não é fácil. Traz consigo as próprias tentações.

No Novo Testamento, há muitas, muitas referências em favor dos pobres. Nas bem-aventuranças, em Mateus, Jesus diz: "Bem-aventurados os pobres de espírito". A versão de Lucas de outro sermão de Jesus, contudo, diz: "Bem-aventurados vocês os pobres" e "ai de vocês, os ricos" e não se trata de uma referência aos pobres de espírito, mas aos pobres e ricos de dinheiro. A palavra "ai" usada por ele é uma maldição. "Bem-aventurado" é uma bênção, porém "ai" é uma maldição. Devemos evitar essa palavra. Já ouvi pais dizendo a seus filhos: "Ai de você se não obedecer". Esses pais não se dão conta de que estão amaldiçoando seus filhos. Precisamos tomar cuidado com o que dizemos.

Jesus tanto abençoou quanto amaldiçoou pessoas. Na versão do sermão apresentada por Lucas, para cada "bem-aventurança" Jesus acrescentou um "ai". O sermão não foi pregado em um monte, mas numa planície. Sem rodeios, Jesus disse: "Bem-aventurados vocês os pobres [...] ai de vocês, os ricos". Encontramos no Novo Testamento muitas advertências sobre os perigos das riquezas e a bênção da pobreza suficientes para sacudir qualquer pregador da prosperidade e levá-lo de volta ao ensinamento bíblico e à verificação mais atenta do que está oferecendo às pessoas. Pois a oferta de saúde e prosperidade – elas caminham juntas – é exatamente o que o mundo quer. Riqueza sem saúde não tem utilidade. Não será possível desfrutar de sua riqueza se você não tiver saúde. Saúde e prosperidade, portanto, caminham juntas e o mundo da propaganda está ciente disso e foca ambas. Há mais propaganda e venda de produtos de saúde hoje do que jamais houve na história do homem. Em uma sociedade consumista, somos encorajados a obter saúde e riqueza. O evangelho simplesmente seguirá essa tendência? Não creio que deva fazê-lo. É raro que uma pessoa rica entre no reino, mas não é impossível. Deus é o Deus do impossível e isso pode acontecer. O rico que está no reino, porém, tem suas próprias e peculiares tentações para enfrentar.

Vamos tentar mostrar como a riqueza pode destruir um homem. Tudo começa com o desejo de ganhar dinheiro, uma ambição muito comum. Ela nasce de necessidades emocionais básicas e da convicção de que o dinheiro suprirá essas necessidades. Vamos refletir sobre essas três necessidades básicas comuns ao homem caído. Em primeiro lugar, ele precisa se sentir seguro; e vê o dinheiro como o caminho para a segurança. Para Jesus, isso é tolice. A respeito do homem que afirmou "Vou derrubar os meus celeiros e construir outros maiores, e ali guardarei toda a minha safra e todos os meus bens", Jesus exclamou "Insensato!" O homem rico era totalmente inseguro, mas fazia planos como se fosse viver para sempre.

Suponho que essa seja uma tentação comum a todos nós – acreditamos que vamos viver eternamente, que este é nosso lar, portanto quanto mais seguros estivermos aqui, melhor. Essa necessidade emocional de sentir segurança significa que temos a ambição de ganhar dinheiro. Na verdade, o fato é quanto mais bens e dinheiro você tiver, mais tempo e energia serão exigidos para mantê-los. Quanto mais você tem, maior será seu medo de perder. Sua riqueza pode tornar-se uma grande preocupação. É espantoso – apenas acontece. Os que possuem o bastante para viver confortavelmente pelo resto da vida ainda querem mais, continuam desejando a expansão de seus negócios, continuam com essa ambição. Quanto mais dinheiro você tem, mais teme fenômenos como inflação e recessão e até a possibilidade de falência.

A segunda necessidade emocional do homem caído é ser estimado, construir uma reputação que conquiste o respeito de outros. No fundo, trata-se, basicamente, de um complexo de inferioridade. As pessoas costumam medir o valor de cada indivíduo com base em suas posses – como se o valor de um ser humano dependesse da quantidade de dinheiro amealhado. Todos nós, até mesmo nos círculos cristãos, temos a tendência de cair nesse erro, se não tomarmos cuidado. É por essa razão que Tiago, no segundo capítulo de sua carta, alerta: "Se, na igreja, vocês dão mais atenção ao rico do que ao pobre, trata-se de algo totalmente errado aos olhos de Deus". É uma tentação nos círculos cristãos.

Ele ensina: "Se, em sua igreja, vocês dão mais atenção ao homem rico dizendo-lhe: 'Aqui está um lugar apropriado para o senhor', mas dizem ao pobre: 'Você, fique em pé ali' – é como se insultassem alguém que foi criado à imagem de Deus".

Em algumas igrejas, contudo, é comum que os ricos sejam recebidos com as palavras: "Você gostaria de participar do nosso programa de doações?" Essa pessoa é vista como um cliente potencial que vale mais do que as outras. Pode parecer engraçado, mas isso de fato acontece na igreja. Tiago criticou essa prática. Quando o rico recebe mais atenção na igreja, o pobre é insultado. Todos nós gostamos de ser estimados e considerados pelos outros; isso gera aceitação de nós mesmos. Os ricos podem pensar: "Devo ter sido mais diligente, mais cuidadoso, mais inteligente, portanto sou superior". Esse é o perigo de ter dinheiro: a cura de um complexo de inferioridade com um complexo de superioridade, levando de uma situação ruim para outra. Geralmente, menosprezamos os que não são bem-sucedidos e temos uma visão mais elevada de nosso próprio sucesso em comparação ao fracasso de outros.

Outro desejo da nossa natureza caída é ter poder e controlar outras pessoas. Você ganha dinheiro para ter esse poder. Dinheiro é poder; é o poder de controlar outras pessoas. Muito dinheiro é igual a muito controle. Tudo isso é o resultado da ambição de ganhar dinheiro, mas essa ambição logo desaparece e torna-se um vício. Se você começou a viver exclusivamente para ganhar dinheiro; se rendeu-se à ambição de ganhar dinheiro, não vai demorar até que seja incapaz de parar – é como uma droga; torna-se um vício.

Certo homem na Inglaterra fez fortuna com compra e venda de gado. Com o passar do tempo, o estresse e a pressão cobraram seu preço e ele simplesmente teve um colapso. Procurou um médico particular, é claro (pois ele tinha dinheiro). O médico lhe disse: "Você precisa se afastar do seu trabalho imediatamente. Deve tirar férias, desfrutar de um descanso completo". O homem decidiu hospedar-se em um conhecido hotel no sudoeste da Inglaterra.

Na recepção do hotel, ao fazer o check-in, disse ao atendente atrás do balcão: "Por acaso você conhece alguém na região que tenha gado para vender?" Ele se tornara um viciado. Era incapaz de se controlar. Precisava continuar a ganhar dinheiro, embora tivesse mais do que o suficiente para si mesmo, para a sua família e para muitas outras pessoas. Lá estava ele, em seu primeiro minuto das férias, perguntando se havia na região alguém que vendesse gado. A prática pode tornar-se uma obsessão, uma força motriz, e você continuará mesmo que tenha ganhado todo o dinheiro de que precisa, pois não consegue parar. Pode tornar-se um vício, uma série de hábitos que, invariavelmente, leva essas pessoas a enganarem a si mesmas e a extrapolar, adquirindo empresas em excesso. E tudo começa a desmoronar.

Gostaria de mencionar dois sentimentos antagônicos encontrados na Bíblia. Um deles, obviamente, Deus considera pecado e o inclui nos Dez Mandamentos: a cobiça – a simples ganância. Deus opõe-se radicalmente à ganância, o desejo de ter sempre mais e mais. O sentimento contrário a esse pecado é a virtude do contentamento. Por isso, Paulo afirma: "A piedade com contentamento é grande fonte de lucro". A frase é traduzida de várias maneiras, com termos mais brandos em algumas traduções, mas esse é o significado da palavra em grego usada por ele. Encaixa-se perfeitamente na linguagem comercial. O contentamento vem da gratidão. A cobiça vem da ganância, mas o contentamento, da gratidão.

Há um conhecido texto em Filipenses que diz: "Tudo posso naquele que me fortalece". Quero que você pense em algo que seja capaz de fazer somente por meio de Cristo, algo que não seria possível sem ele. Qualquer coisa que seja possível realizar, apenas porque Cristo o fortalece. Pare por um instante e pense em algo.

Agora vou lhe fazer outra pergunta. Você pensou em dinheiro? Na verdade, o texto fala sobre dinheiro. Fala sobre administrar a sua renda. Esse é o contexto: Paulo está dizendo "Aprendi a ser pobre e a ser rico; a ter uma renda pequena ou polpuda. Aprendi a estar contente quer tenha muito ou pouco, pois tudo posso naquele que me fortalece". Que mensagem para os dias de hoje, enquanto nos esforçamos para viver nos limites de nossa renda. Trata-se de algo que todos nós podemos fazer. *Contentamento* – Paulo declara: "Quer eu tenha muito ou pouco dinheiro, estou satisfeito, pois aprendi a estar contente com o que recebo. Posso viver com o que recebo.

O que você considera mais fácil: ser pobre e estar satisfeito ou ser rico e estar satisfeito? Já pensou nisso? Com base nas pessoas que conheci, descobri que é mais difícil ser rico e estar satisfeito. Encontrei mais contentamento entre os pobres. Quando estive na Índia, conheci algumas das pessoas mais pobres entre as pobres e elas pareciam mais felizes do que os ricos que conheci. Havia contentamento – fiquei maravilhado. Como você pode estar satisfeito ao colocar seu bebê para dormir na sarjeta? Como você pode estar satisfeito? No entanto, há mais contentamento entre os pobres. É um fato. Paulo, contudo, ensina: "Aprendi a estar contente em qualquer situação". Quer eu receba muito ou pouco dinheiro, consigo lidar com isso, porque tudo posso por meio de Cristo que me fortalece. Esse é o sentido do texto e tem a ver com dinheiro.

É claro que o texto pode ser aplicado a outras áreas, mas, na Bíblia, é ao tema do dinheiro que se aplica.

A ambição de ganhar dinheiro torna-se um vício incontrolável que leva o indivíduo a adorar o dinheiro como se fosse deus. Veja o que a Bíblia fala sobre esse deus. Seu nome é Mamom. Jesus disse: "Vocês não podem servir a Deus e ao Dinheiro". Se o dinheiro se tornou o seu deus, você não pode servir a Deus, é uma total impossibilidade. Portanto, se o dinheiro é o alvo da sua adoração e aquilo para o qual sua vida é dedicada, você não pode servir a Deus. Trata-se de uma impossibilidade absoluta, uma incompatibilidade. Considere Êxodo 16.8. O texto descreve o tempo em que o povo era sustentado pelo maná, e no meio da narrativa, lemos: "Quem tinha recolhido muito não teve demais, e não faltou a quem tinha recolhido pouco. Cada um recolheu tanto quanto precisava". Não é lindo? Eu acredito que esse singelo versículo resume o ideal de Deus para a sociedade. O povo de Deus recolhia diariamente a porção necessária para o dia. Às sextas, é claro, eles recolhiam o dobro da quantidade, pois no Shabat não era permitido coletar o maná; eles tinham a permissão de Deus para recolher o suficiente também para o sustento no sábado. Deus supria o dobro na sexta-feira, não é interessante?

Com a necessidade do período de pousio da terra a cada sete anos, Deus provia uma safra abundante no sexto ano. Deus honrava o pousio concedendo o dobro da colheita no ano anterior, com isso, aprovava que sua terra tivesse um descanso da produção agrícola.

Bem, falamos sobre *ter* e *guardar* dinheiro. E o que dizemos sobre gastar dinheiro? Pense novamente no texto que eu lhe dei "Tudo posso por meio de Cristo..." Você consegue viver com o que ganha. Você está contente com muito ou com pouco. Mas trata-se de algo que precisamos aprender na prática, não pode ficar na teoria. Contentamento é algo que se aprende e foi o que aconteceu com Paulo. Vivemos em uma sociedade consumista que diz constantemente: "Há coisas que o dinheiro não compra; para todas as outras existe a [...]". As parcelas de financiamento de uma casa não são uma dívida. Você tomou emprestado certa quantia para comprar uma casa e precisa devolver esse dinheiro com juros. Isso não é dívida. Somente torna-se uma dívida se você atrasar o pagamento mensal. A sociedade do crédito o encoraja a comprar agora e pagar depois – em muitos lugares, é possível comprar móveis e começar a pagar somente depois de um ano, quando, provavelmente, a peça já começará a apresentar sinais de uso. As pessoas, contudo, sentem-se tentadas e comprar um sofá novo para a sala de estar pois, durante um ano, não precisarão pagar nenhum centavo. É uma tentação, de fato.

É possível pedir um empréstimo sem juros para a compra de um automóvel. Com isso, nos sentimos tentados a comprar um carro maior do que teríamos condições de pagar. Esse, no entanto, é o apelo da sociedade, e resistir-lhe demanda uma sólida fé cristã. A maneira como gastamos nosso dinheiro pode tornar-se uma armadilha na qual muitos já caíram, até mesmo cristãos. Essa prática [de endividamento] iludiu alguns cristãos do Texas. Conheci ali muitos cristãos ricos que hoje estão falidos. Nos anos de crescimento, tomavam emprestado quantias cada vez maiores e investiam em mais empresas, e então, passado esse período, foi grande o número de falências entre os empresários cristãos texanos, que entraram em desespero.

Perceba que, se você não for cauteloso, assumirá um financiamento de uma casa muito maior do que aquela que você teria condições de comprar e, nos bons tempos, quando os juros estão baixos e a taxa bancária acessível, você olha à frente e diz: "Tenho condições financeiras de pagar essa dívida", então o clima muda. As taxas bancárias e os juros sobem e muitos entram em um verdadeiro buraco. Outros se veem presos em uma casa que foi desvalorizada e passam a pagar apenas juros sobre juros. Não conseguem vendê-la, pois seu valor não corresponde ao que foi pago, e os juros do financiamento subiram.

Quando você assumir um financiamento para comprar um imóvel, não escolha o melhor que puder pagar naquele momento, com um valor de parcelas que você não sabe se terá condições de pagar futuramente. Ou seja, entre em um financiamento em que os juros e as parcelas sejam condizentes com suas condições, caso a situação piore. Sei que é uma questão de bom senso, mas o que estou tentando dizer é que a maioria das pessoas que compram um imóvel toma essa decisão levando em conta o valor máximo que tem condições de pagar com as taxas de juros vigentes na ocasião. É, praticamente, como se abraçassem a condição de devedor, pois não terão condições de pagar as parcelas.

Quero deixar claro que é legítimo tomar dinheiro emprestado para comprar algo e devolver esse dinheiro a juros apropriados. Errado é quando você não tem condições de devolvê-lo e atrasa o pagamento. Aí sim você está em dívida. Segundo a Bíblia, dívida é pecado. Somos exortados a permanecer longe dela.

Tenho perguntado em igrejas cristãs na Inglaterra "Quantos de vocês estão em dívidas?" e a média costuma ser dois terços da congregação. Explico que ter um financiamento ou uma conta mensal no posto de gasolina não é estar em dívida. Será dívida quando você não puder pagar a conta no final do mês. Dois terços dos cristãos professos na Inglaterra estão em dívida hoje. Por que a dívida é pecado? Porque é roubo e um dos claros mandamentos de Deus é: "Não roubarás".

As pessoas, contudo, não percebem que há duas formas de roubo. Se eu roubar sua bolsa ou clonar seu cartão de crédito e sacar da sua conta bancária, estou roubando seu dinheiro e espero que nenhum cristão sonhe fazer tal coisa.

Mas se devo dinheiro a alguém e não pago, estou roubando o dinheiro que tomei emprestado. Na data em que deveria devolvê-lo, estou roubando o dinheiro que pertence a outro. Estou retendo o dinheiro que outra pessoa deveria ter por direito. Ainda é roubo. Cristãos não roubam. Efésios diz: "O que furtava não furte mais; antes trabalhe, fazendo algo de útil com as mãos, para que tenha o que repartir com quem estiver em necessidade". A dívida, portanto, é pecado.

Talvez você tenha ouvido falar da Convenção de Keswick. É conhecida em todo o mundo. É provável que tenha sido, por algum tempo, a maior convenção cristã na Inglaterra. Durante muitos anos, desde 1875, essa convenção foi realizada em Lake District, a mais bela região da Inglaterra. A cidade de Keswick fica entre os lagos. A Convenção de Keswick é tão conhecida que já me deparei com outras convenções de Keswick em várias partes do mundo. Copiaram a convenção e mantiveram o nome. O evento não acontece em Keswick, mas é chamado de "Convenção de Keswick".

Nas primeiras Convenções de Keswick, quando todos os cristãos se reuniam para ouvir a Palavra, louvar a Deus e alegrar-se em sua salvação, esgotavam-se no correio de Keswick o que chamamos de "vales postais". É um recurso para enviar dinheiro pelo correio. Por que os vales postais se esgotavam no correio da cidade? Porque o pregador da Convenção de Keswick aconselhava os presentes a quitarem suas dívidas. No correio, portanto, formava-se uma fila de cristãos devedores enviando remessas de pagamento aos seus credores. Gosto desse tipo de cristianismo. É realista, prático e serviu de testemunho aos funcionários do correio local que algo acontecia na grande tenda da Convenção de Keswick.

Não é errado provisionar para o futuro. Quando a Bíblia aconselha: "Esforcem-se para ter uma vida tranquila, cuidar dos seus próprios negócios e trabalhar com as próprias mãos", penso que também inclua a provisão para o futuro.

Especialmente se sua profissão o obriga a uma aposentadoria compulsória, quando o trabalhador alcança determinada idade. Se você não deseja pedir esmolas hoje, também não desejará fazê-lo no futuro. É correto planejar uma previdência razoável, recolhendo os pagamentos durante sua vida profissional ativa. Algumas pessoas, contudo, pagam taxas absurdas do plano de previdência para um dia gastar tudo consigo mesmos quando se aposentar. Há um equilíbrio cuidadoso entre quanto você precisará no futuro e quanto deve poupar hoje. No entanto, reservar algum dinheiro dessa forma é uma atitude cristã. John Wesley costumava avisar a todos os que se convertiam: "Obtenha tudo o que puder, renuncie a tudo que puder e doe tudo que puder". Ele descobriu, é claro, que os convertidos metodistas que vinham de uma Inglaterra decadente, os primeiros metodistas, eram descritos como "gotas de neve crescendo em uma pilha de lixo".[1] Gastavam uma fortuna em jogos de azar e bebidas e, quando tornavam-se cristãos, abandonavam essas práticas e se davam conta de que lhes sobrava dinheiro.

Certo metodista me contou que lhe perguntaram em um encontro: "Você acredita que Jesus pode transformar a água em vinho?" Esse metodista, um minerador de carvão e amigo querido, havia sido "bookie" (agenciador de apostas) antes de se converter e passar a trabalhar nas minas de carvão. Esta foi a pergunta que lhe fizeram: "Você acredita que Jesus pode transformar a água em vinho?" Ele respondeu: "Isso eu não sei, mas ele transformou cerveja em mobília para minha casa". Que resposta perfeita! Foi o que aconteceu a muitos que se converteram.

A maior dificuldade de Wesley após suas pregações era que os que se convertiam tornavam-se classe média e

---

[1] Nota do Tradutor: Gotas ou flocos de neve são flores brancas parecidas com gotas de neve – em inglês, snowdrops.

passavam a ter mais dinheiro do que jamais haviam tido, pois deixavam de desperdiçá-lo em práticas pecaminosas. O problema de Wesley, então, passava a ser os perigos trazidos pela riqueza. Somos mordomos de nosso dinheiro. Toda a prata e todo o ouro do mundo pertencem a Deus e nós apenas os administramos. O maior problema do dízimo é pensar que os 90% são nossos para gastar como bem desejarmos. Posso me atrever a repetir? O maior problema do dízimo é que pensamos que os 90% restantes são nossos. Na verdade, tudo pertence a Deus. Quer você doe diretamente à obra cristã, aos pobres ou a qualquer causa, tudo pertence a Deus e um dia ele auditará nossas contas. É algo de que precisamos estar cientes, não acha? O perigo do dízimo?

O dízimo era um imposto no Antigo Testamento. Muitas pessoas pensam que os judeus entregavam 10% da sua renda. Não era assim. Eles dedicavam 25% de sua renda ao Senhor porque eram obrigados a pagar dois dízimos. Leia o Antigo Testamento novamente. Eles deviam pagar dois dízimos acrescidos de 5%, aproximadamente, por outras coisas ordenadas por Deus. Em média, o judeu era obrigado a pagar 25% de sua renda ao Senhor, bem como um sétimo de seu tempo, compulsoriamente. Não estamos sob a lei da aliança mosaica. Não estamos sob a lei e sugiro que sempre desconfie de uma igreja que lhe diz com quanto você deve contribuir. Na nova aliança, essa decisão cabe a você – é sua responsabilidade na nova aliança.

Agora, portanto, devemos falar sobre *dar*, sobre livrar-se de seu dinheiro e como fazer isso. Lembro-me do que ouvi de um homem rico: "Ganho muito dinheiro, sim, mas ele não fica preso nos meus dedos". Um comentário bastante interessante, vindo de um querido amigo cristão. "Não fica preso nos meus dedos". Deus é tão generoso que há uma palavra especial para definir sua generosidade: "graça". Devemos ser generosos. Na verdade, não há nada que possamos dar a Deus, pois ele não precisa de qualquer coisa que venha de nós.

Pense naquele versículo do salmo 50 que diz: "Se eu tivesse fome, não to diria" [ARA]. Lindo texto. E ele continua: "Pois todos os animais da floresta são meus, como são as cabeças de gado aos milhares nas colinas". Nós, como povo de Deus, devemos ser generosos, pois quanto mais amarmos e conhecermos a Deus, mais generosos seremos. Jesus disse: "Onde estiver o seu tesouro, aí também estará o seu coração", ele se referia ao investimento no céu. É o melhor banco onde investir seu dinheiro, pois nem a traça nem a ferrugem o destroem, disse Jesus.

Fui convidado a falar aos corretores da Bolsa de Valores de Londres. Insistiram que eu enviasse o título da minha mensagem antecipadamente, para que pudessem divulgá-la. Com ironia, respondi: "O título da minha palestra será: Daqui nada se leva, e se levar, queimará". Eles não gostaram nada do título e exigiram outro. Então eu disse: "Tudo bem, vou alterar um pouco". E lhes informei este título: "Investimentos além do túmulo". A grande preocupação deles era o investimento pré-túmulo e a aposentadoria antes de morrer. Exceto por alguns cristãos presentes, nenhum deles pensava em investimentos pós-túmulo. Jesus, contudo, nos instruiu a esse respeito. Lucas 16 é o capítulo que você deve ler. Fala sobre dinheiro, do começo ao fim. Começa com a parábola do administrador infiel, que deixa muita gente perplexa. Jesus elogia um homem que se livrou da dificuldade financeira enganando seu patrão. É uma história extraordinária. Estou certo de que você a leu e surpreendeu-se com ela – parece uma história imoral. Eis aqui um homem que administrava as dívidas de muitos para seu patrão endinheirado. Os pagamentos, na verdade, eram na forma de bens, pois os devedores eram agricultores. O homem rico tinha muitas propriedades ocupadas por arrendatários rurais e o trabalho do administrador era coletar para seu patrão os aluguéis na forma de azeite, grãos ou outros itens. Ele já trapaceava, embolsava mais do que deveria e isso chegou ao conhecimento do homem rico, que lhe disse: "Vou demiti-lo. No fim do mês, preste contas da sua administração e vá embora. Você não tem sido honesto; está tomando para si o que pertence a mim".

O administrador pensou: "O que posso fazer agora? É provável que eu não consiga outro emprego. Não terei referências desse patrão. E não vou mendigar, é humilhante". Então ele arquitetou um ótimo esquema. Procurou os arrendatários de seu patrão e lhes perguntou: "Quanto você deve ao meu patrão?"

O arrendatário respondia, por exemplo: "Cem potes de azeite". O administrador, então, pedia o documento onde o patrão havia registrado a dívida. Riscava a quantia devida, anotando a metade. E dizia: "É o que você deve ao meu patrão". Fez assim com todos os arrendatários, reduzindo a dívida que tinham com seu senhor. E Jesus afirmou que esse homem tem algo a ensinar aos cristãos. Talvez você pense: "O que ele poderia ensinar?" Bem, ele usou o tempo que lhe restava para construir amizades com pessoas que poderiam cuidar dele mais tarde. Fez às pessoas um favor que as levaria a tê-lo em alta conta. Os arrendatários ficaram felizes em ter sua dívida reduzida, desse modo todos seriam seus amigos quando ele fosse demitido e o ajudariam.

Segundo Jesus, o homem foi astuto. Jesus não elogiou a forma como ele agiu, mas fez duas afirmações sobre o homem. Primeiro, que ele estava pensando mais no futuro do que no presente. O administrador poderia simplesmente ter partido com tudo o que havia coletado, mas não fez isso. Usou o que havia roubado para fazer um favor. Estava pensando no futuro e não no presente, e preocupava-se mais com pessoas do que com bens. Ele teria coletado tudo apressadamente e desaparecido, mas importou-se mais em fazer amizades do que acumular dinheiro. Estava mais preocupado em prover para seu futuro do que para o presente. Coletar todo o aluguel e partir teria sido uma medida de muito curto prazo. Teria sido um desastre. Ele foi astuto o suficiente para fazer algo que fosse útil, algo que lhe permitisse ser acolhido por outros. Se tivesse partido com muito, ninguém lhe teria dedicado tempo ou atenção. Teriam dito: "Não se metam com esse homem". Mas ele usou a oportunidade que tinha. Jesus ensinou que isso é astúcia, a maneira correta de pensar. Se os filhos das trevas podem pensar dessa forma, então que os filhos da luz também pensem assim e se preparem para o futuro em vez de pensarem no presente. Que planejem fazer amigos em vez de dinheiro. Ele estava ensinando: use você mesmo o dinheiro sujo para fazer amigos que o acolherão no céu. Essa é a lição que aprendemos com esse homem.

O administrador era um homem mau e o que fez foi errado, mas ele foi astuto o suficiente para fazer amigos, pensando no futuro. O ensinamento era: se você usar seu dinheiro dessa forma para fazer amigos que o receberão no céu, terá aprendido o que lhe ensinei. É uma parábola extraordinária. Jesus, contudo, está usando um homem mau para ensinar às pessoas boas o que elas deveriam fazer. Jesus falou muito mais sobre o dinheiro e afirmou que não se pode servir a Deus e a Mamom. Com isso, os fariseus, que amavam o dinheiro, riram dele. Diziam: "Você não sabe o que está dizendo". Eram homens bem-sucedidos financeiramente, o que, obviamente, não era o caso de Jesus. Ele era um homem pobre, que não tinha bem algum. Os fariseus zombaram de Jesus e ele respondeu: "Vocês zombam de mim, mas eu lhes digo a verdade". E concluiu dizendo: "Vocês estão se divorciando de suas mulheres e casando-se novamente e isso desagrada a Deus". São os ricos que trocam facilmente de cônjuge e podem pagar a pensão. Os pobres, alguns deles pelo menos, não têm condições financeiras de se divorciar, mas o fariam se pudessem. É onde entra o ensino de Jesus sobre divórcio e novo casamento.

Jesus, então, conta outra história de um homem tão rico que sua casa tinha portões decorativos. Ele tinha roupas finas e uma mesa esplendidamente bem servida. Não era um homem mau, era apenas rico e vivia confortavelmente. Diante do seu portão, na sarjeta, sentava-se um homem pobre, chamado Lázaro, o único a quem Jesus chama pelo nome em suas parábolas. "Lázaro" significa "amado por Deus". Ninguém mais amava o pobre homem. Seu corpo era coberto de úlceras que os cães vinham lamber. Na Bíblia, os cães são sempre selvagens. No Oriente Médio, os cães não são animais de estimação.

Os cães vinham e lambiam suas feridas e o desejo de Lázaro era entrar na casa do rico e comer das sobras que caíssem de sua mesa, pois os ricos limpavam as mãos em um pedaço de pão. Se você já fez pão sabe que sovar a massa deixa as mãos totalmente limpas, pois toda a sujeira das mãos prende-se à massa. Era o costume. Ao final da refeição, eles pegavam um pedaço de pão e o esfregavam nas mãos até que elas ficassem limpas, e depois o lançavam sob a mesa. Aquele mendigo teria dado tudo para estar sob a mesa do homem rico e comer os pedaços sujos de pão. É um contraste vívido entre o rico e o pobre. Na história, ambos morrem e o homem rico encontra-se em um lugar muito desconfortável. Em uma visão, ele pode ver o mendigo sendo levado por anjos até a presença de Abraão, que o abraça. O homem rico, atormentado pelo fogo e pela sede, implora: "Pai Abraão, tem misericórdia de mim e manda que Lázaro molhe a ponta do dedo na água e refresque a minha língua, porque estou sofrendo muito neste fogo". É uma imagem vívida. A situação dos dois homens agora é totalmente inversa. Abraão disse ao homem rico: "Sinto muito, entre vocês e nós há um grande abismo, de forma que os que desejam passar do nosso lado para o seu, ou do seu lado para o nosso, não conseguem".

O rico teve outra ideia: "Então eu lhe suplico: envia alguém à minha casa, pois tenho cinco irmãos. Deixa que os avise, a fim de que eles não venham também para este lugar de tormento".

E Abraão responde: "Mesmo se alguém voltasse dos mortos para lhes contar eles não acreditariam", e concluiu dizendo: "Eles têm uma Bíblia em casa. Que a leiam".

É uma história incrível. O homem rico não cometera crime. Não tinha vícios. Não era um homem mau. O que havia de errado com ele? Bem, se você ler a história, três coisas estavam erradas. Ele gastava seu dinheiro apenas consigo mesmo, não com as necessidades de outros. Preocupava-se em satisfazer a si mesmo. Era indiferente aos outros, portanto não doava seu dinheiro; vivia de forma independente de Deus. Tinha uma Bíblia, mas jamais a lia. E só. Ele não era um grande pecador. Mas isso foi suficiente para decidir seu futuro eterno, um futuro determinado. O homem rico jamais havia pensado na vida pós-túmulo, seu único pensamento era como viver confortavelmente aqui.

Essa é a lição do texto. Pense no futuro definitivo. Jesus está dizendo: pense além do túmulo; aprenda, como o administrador infiel, a fazer amigos que o receberão no céu. Em outras palavras, gaste seu dinheiro de tal forma que as pessoas o recebam no céu dizendo: "Sou muito grato porque seu dinheiro fez com que eu chegasse aqui". É simples assim – essa é a história do homem rico e do homem pobre.

A Salomão, no início do seu reinado, Deus deu uma escolha: "Posso lhe dar riqueza ou sabedoria, qual você prefere?" Salomão, sendo um jovem muito sábio, respondeu: "Prefiro ter sabedoria". Deus, então, declarou: "Vou lhe dar as duas coisas". E, no dia seguinte, concedeu-lhe sabedoria quando duas mulheres disputavam um bebê. Ambas deram à luz e, durante a noite, um dos bebês sufocou-se e teve uma morte súbita. Quando as mães despertaram pela manhã, apenas um dos bebês estava vivo. Os bebês se pareciam muito, como é comum, e as duas mães afirmaram que o bebê morto pertencia à outra. Procuraram Salomão para que ele resolvesse a disputa.

Você consegue imaginar situação pior do que duas mulheres que disputam um bebê virem à sua procura para que você decida quem deve ficar com a criança? No dia seguinte à sua oração, Salomão demonstrou que Deus atendera seu pedido e lhe dera sabedoria. Ele determinou: "A solução é cortar o bebê ao meio e dar metade a uma e metade à outra". A mãe verdadeira exclamou, imediatamente: "Dê a criança a ela!" Ela preferiria que seu bebê ficasse vivo mesmo que aos cuidados de outra pessoa. Salomão, então, declarou: "Você é a mãe. O bebê é seu". Que sabedoria. Seria bom se Salomão tivesse continuado a agir dessa maneira, mas as riquezas o dominaram e ele construiu edifícios e palácios magníficos. Ele os construiu com o dinheiro do povo, à custa de impostos pesados, o que levou a uma guerra civil após a sua morte e à divisão da nação, pois dez das doze tribos afirmaram: "Seremos independentes, não teremos o rei de Jerusalém nos taxando como fez Salomão". O povo de Deus, a partir daquele momento, passou a ser formado por dez tribos do Norte e duas do Sul. O rei do reino de Jerusalém encolheu da noite para o dia.

Eu aprendi na Escola Dominical que Salomão foi o homem mais sábio da Bíblia, depois de Jesus. Você acha que ele era sábio? Ele tinha 700 sogras. Você considera isso sabedoria? Uma já é demais para alguns maridos. Mas 700 sogras e 300 concubinas, além das 700 esposas – você diria que é sabedoria? Trata-se de loucura completa e ele pagou por isso; a nação pagou por isso, pois uma nação que tem um rei ímpio será uma nação ímpia. Antes ele ficasse apenas com sua sabedoria.

Pelo resto dos seus dias, ele teve grande sabedoria para as outras pessoas, mas sua própria vida nunca foi pautada por ela. Casou-se com uma egípcia – uma gentia – e construiu para ela um palácio egípcio. (Certo egiptólogo descobriu os edifícios de Salomão e os identificou.)

Se você quiser saber o que Salomão fez com as riquezas que recebeu, ele mesmo pode lhe contar. Três livros da Bíblia foram escritos por ele e, pelo conteúdo, é possível saber sua idade. Um dos livros ele escreveu quando tinha 60 esposas, portanto no início de sua carreira. A jovem que conheceu e a quem dedicou o Cântico dos cânticos era, segundo ele, a mais bela, muito superior a todas as outras 60 rainhas. Salomão ainda era jovem. Estava completamente apaixonado pela moça – o livro Cântico dos cânticos não tem uma palavra sequer a respeito de Deus, nem uma frase sobre salvação, oração ou qualquer tema espiritual. Trata-se apenas de uma canção de amor para uma jovem. Para nós, o livro tem mais significado, mas para ele, nada mais é que uma canção de amor.

A Bíblia afirma que Salomão compôs 1005 cânticos. Temos apenas cinco deles. Mil canções foram perdidas. Creio que seja uma maneira de Deus afirmar: "Eu lhe dei uma esposa e você teve mil mulheres, entoou uma canção de amor para cada uma delas – compôs e cantou uma balada pop para cada uma e eu rejeitei mil composições. Na minha Palavra, vou incluir cinco delas".

Salomão, contudo, era moço na ocasião, cheio de amor por uma jovem e sem tempo para Deus. Isso acontece a muitos jovens: surge uma garota e, por algum tempo, ela torna-se a "deusa".

Qual era a idade de Salomão quando escreveu o livro de Provérbios? Porque um dos provérbios diz: "Filho, cuidado com as mulheres, elas o dominarão se você não for prudente". Quantos anos ele tem? É um homem na meia-idade e está reunindo provérbios de sabedoria, depois de ter aprendido pelo caminho mais difícil. Certa vez, presenciei a filha adolescente de uma família perguntar à sua mãe: "O que você fez quando tinha minha idade que a deixa tão preocupada a meu respeito?" Pensei: "Uma pergunta devastadora para um pai ou a uma mãe". Eis aqui, portanto, Salomão, na meia-idade, dizendo: "Filho, afaste-se das mulheres". Não sei como ele tem a ousadia de fazer tal afirmação.

Chegamos, então, ao livro de Eclesiastes. Qual era a idade de Salomão quando o escreveu? Ele diz: "Lembre-se do seu Criador nos dias da sua juventude" e fala como um homem idoso que chegou ao fim da estrada. O livro de Eclesiastes é um dos mais deprimentes da Bíblia. No entanto, quando preguei sobre todo o seu conteúdo, vi mais conversões do que, talvez, com qualquer outro livro da Bíblia, pois ele confronta as pessoas com os próprios sentimentos ao chegarem ao fim da estrada. Veja outra passagem:

Pensei comigo mesmo: Vamos. Vou experimentar a alegria. Descubra as coisas boas da vida! Mas isso também se revelou inútil. Concluí que o rir é loucura, e a alegria de nada vale. Decidi-me entregar ao vinho e à extravagância; mantendo, porém, a mente orientada pela sabedoria. Eu queria saber o que valesse a pena, debaixo do céu, nos poucos dias da vida humana. Lancei-me a grandes projetos: construí casas e plantei vinhas para mim. Fiz jardins e pomares, e neles plantei todo tipo de árvore frutífera. Construí também reservatórios para regar os meus bosques verdejantes. Comprei escravos e escravas e tive escravos que nasceram em minha casa. Além disso tive também mais bois e ovelhas do que todos os que viveram antes de mim em Jerusalém. Ajuntei para mim prata e ouro, tesouros de reis e de províncias. Servi-me de cantores e cantoras, e também de um harém, as delícias do homem. Tornei-me mais famoso e poderoso do que todos os que viveram em Jerusalém antes de mim, conservando comigo a minha sabedoria. Não me neguei nada que os meus olhos desejaram; não me recusei a dar prazer algum ao meu coração. Na verdade, eu me alegrei em todo o meu trabalho; essa foi a recompensa de todo o meu esforço. Contudo, quando avaliei tudo o que as minhas mãos haviam feito e o trabalho que eu tanto me esforçara para realizar, percebi que tudo foi inútil, foi correr atrás do vento; não há qualquer proveito no que se faz debaixo do sol.

Esse é o triste testemunho do homem mais rico da história do Antigo Testamento e o que ele fez com todo o seu dinheiro. Sua síntese, ao final de tudo, foi: "Não há qualquer proveito". Preguei sobre Eclesiastes, esse livro extraordinário. Concluí com esse apelo aos jovens: "Lembre-se do seu Criador nos dias da sua juventude". Foi a única coisa que Salomão deixou de fazer: quando era jovem e apaixonado, Deus não recebeu sua atenção. Então, ele continua a descrever a idade avançada e seus efeitos nos poucos dentes que restam, na visão embaçada e nas pernas vacilantes. Finalmente, exclama: "Que grande inutilidade! Que grande inutilidade! Nada faz sentido!" Evidentemente, ele não considerava a vida pós-túmulo. No Antigo Testamento, esse era um tema desconhecido pela maioria, portanto ele estava julgando a vida aqui. Suponho que o mais triste de tudo seja chegar ao fim da vida e ter a sensação de não ter realizado nada de valor.

Está registrado em sua Bíblia e serve como uma advertência: servir a Mamom e fazer muitas coisas com seu dinheiro, mas chegar ao fim da vida sem ter conquistado nada de valor. Você pode lamentar pelo pobre velho Salomão, mas foi o que lhe aconteceu. Sou grato que Salomão tenha registrado para nós como se sentiu depois de ter desfrutado da mais rica existência que se pode imaginar.

SOBRE DAVID PAWSON

Conferencista e escritor com inabalável fidelidade às Sagradas Escrituras, David traz clareza e uma mensagem de urgência aos cristãos para que descubram tesouros escondidos da Palavra de Deus.

Nascido na Inglaterra em 1930, David iniciou sua carreira com formação em Agronomia pela Universidade de Durham. Quando Deus interveio e o chamou para que se tornasse Pastor, ele concluiu o Mestrado em Teologia pela Universidade de Cambridge, e, durante três anos, serviu como capelão na Força Aérea Real. Passou então a pastorear várias igrejas, entre elas o Centro Millmead, em Guildford, que se tornou um modelo para muitos líderes de igrejas do Reino Unido. Em 1979, o Senhor o conduziu a um ministério internacional. Atualmente, seu ministério itinerante é predominantemente para líderes de igrejas. David e sua esposa, Enid, moram hoje no condado de Hampshire, no Reino Unido.

Ao longo dos anos, ele escreveu um grande número de livros, publicações e notas diárias de leitura. Suas extensas e muito acessíveis análises dos livros da Bíblia foram gravadas e publicadas em "Unlocking the Bible" (A Chave para Entender a Bíblia). Milhões de cópias de seu material de ensino têm sido distribuídas em mais de 120 países, oferecendo sólido embasamento bíblico.

Ele é considerado o "pregador ocidental mais influente na China" graças à transmissão de sua bem-sucedida série "Unlocking the Bible" a todas as províncias da China, através da God TV. No Reino Unido, os ensinos de David são transmitidos com frequência pela Revelation TV.

Incontáveis fiéis em todo o mundo também se beneficiaram de sua generosa decisão, em 2011, de disponibilizar sua extensa biblioteca audiovisual, sem custo algum, em: **www.davidpawson.org**. Recentemente, todos os vídeos de David foram carregados em um canal específico em: **www.youtube.com**

SÉRIE A BÍBLIA EXPLICA
VERDADES BÍBLICAS APRESENTADAS DE FORMA SIMPLES

Se você foi abençoado com a leitura deste livro, saiba que outros títulos da série estão disponíveis. Acesse **www.aBibliaexplica.com** e inscreva-se para baixar mais livros gratuitos.

A série A Bíblia Explica inclui:
A Fascinante História de Jesus
A Ressurreição: O ponto central do cristianismo
Como Estudar a Bíblia
A Unção e o Enchimento do Espírito Santo
O Batismo no Novo Testamento
Como Estudar um Livro da Bíblia: Judas
Os principais passos para se tornar um cristão
O que a Bíblia diz sobre: Dinheiro
O que a Bíblia diz sobre: Trabalho
Graça: Favor imerecido, Força irresistível ou Perdão incondicional?
Seguro para sempre? O que a Bíblia diz sobre: Salvação
O Fim dos Tempos
Três textos geralmente usados fora do contexto: Explicando a verdade e expondo o erro
A Trindade
A Verdade sobre o Natal

Você também pode adquirir cópias impressas em:
Amazon ou **www.thebookdepository.com**

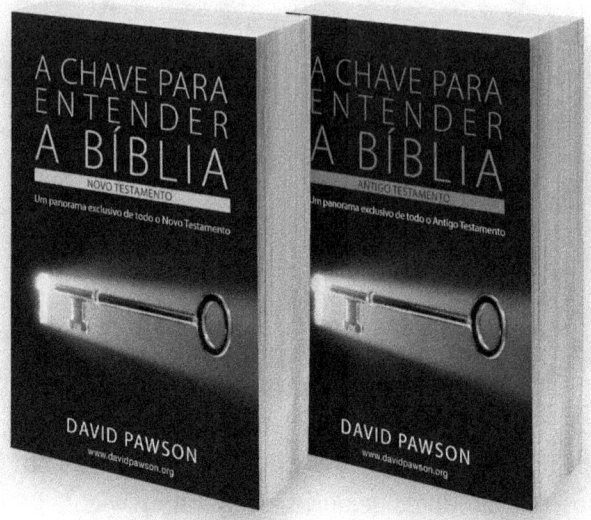

A CHAVE PARA ENTENDER A BÍBLIA

Um panorama exclusivo do Antigo e do Novo Testamento, nas palavras de David Pawson – conferencista e escritor evangélico, reconhecido internacionalmente. "*A Chave para Entender a Bíblia*" elucida a palavra de Deus de maneira inovadora e poderosa. Em uma clara distinção aos tradicionais estudos e comentários bíblicos que tratam versículo por versículo, este livro apresenta a história épica do relacionamento entre Deus e seu povo, em Israel. A cultura, o contexto histórico e os personagens são apresentados e os ensinamentos são aplicados ao mundo contemporâneo. Oito volumes foram compilados nesta edição abrangente, compacta e fácil de usar, com tópicos que cobrem o Antigo e o Novo Testamento.

Do Antigo Testamento: As Instruções do Criador – Os Cinco Livros da Lei; Uma Terra e um Reino – Josué, Juízes, Rute e 1 e 2 Samuel, 1 e 2 Reis; Poemas de Louvor e Sabedoria – Salmos, Cântico dos cânticos, Provérbios, Eclesiastes, Jó; Declínio e Queda de um Império – Isaías, Jeremias e outros profetas; A Luta pela Sobrevivência – Crônicas e os profetas do exílio.

Do Novo Testamento: O Eixo da História – Mateus, Marcos, Lucas, João e Atos; O Décimo Terceiro Apóstolo – Paulo e suas cartas; Do Sofrimento à Glória – Apocalipse, Hebreus, as cartas de Tiago, Pedro e Judas.

Este livro é um best-seller internacional.

OUTROS MATERIAIS DE ENSINO
DE DAVID PAWSON

Para acessar a lista atualizada com os títulos de David Pawson, visite:
www.davidpawsonbooks.com

Para comprar os materiais de ensino de David Pawson, acesse a página:
www.davidpawson.com

www.ingramcontent.com/pod-product-compliance
Lightning Source LLC
Chambersburg PA
CBHW071549080526
44588CB00011B/1835